Hilde Domin
Hier
Gedichte

Fischer
Taschenbuch
Verlag

10.–11. Tausend: Mai 1997

Veröffentlicht im Fischer Taschenbuch Verlag GmbH,
Frankfurt am Main, Oktober 1993

Lizenzausgabe mit freundlicher Genehmigung des
S. Fischer Verlags GmbH, Frankfurt am Main
© S. Fischer Verlag GmbH, Frankfurt am Main 1964
Alle Rechte liegen beim
S. Fischer Verlag GmbH, Frankfurt am Main
Umschlaggestaltung: Buchholz/Hinsch/Hensinger
Gesamtherstellung: Clausen & Bosse, Leck
Printed in Germany
ISBN 3-596-12206-6

Gedruckt auf chlor- und säurefreiem Papier

Den Kopf hochzuhalten ist das Merkmal des Menschseins.
　　　　　　　(Nach Pico della Mirandola)

Lyrik

das Nichtwort

ausgespannt
zwischen

Wort und Wort.

Einhorn

Die Freude
dieses bescheidenste Tier
dies sanfte Einhorn

so leise
man hört es nicht
wenn es kommt, wenn es geht
mein Haustier
Freude

wenn es Durst hat
leckt es die Tränen
von den Träumen.

Auf der andern Seite des Monds

Auf der andern Seite des Monds
gehen
in goldene Kleider gehüllt
deine wirklichen Tage
sie wohnen
wie sonst du
in Helle
verscheucht von hier
weggescheucht
wandeln sie dort
du weißt es sind deine.

Du aber empfängst
Morgen nach Morgen
ihre Stellvertreter:
fremder
als jedes fremde Land.
Du weißt
die deinen
wandeln in Helle
sie ziehen Tag um Tag
neben dir her
nur auf der anderen Seite des Monds.

Heimkehrer

Alle Erinnerung weggelitten
zu weit
zu weit über das Ziel
vor Heimweh.

Aber die Zärtlichkeit
eines Keimblatts
ohne die kein Wachstum ist
der Schutz
einer Hand.

Die hohe Spirale
auf der wir
alles
viel zu spät lernen.

Schneide das Augenlid ab

Schneide das Augenlid ab:
fürchte dich.

Nähe dein Augenlid an:
träume.

Aktuelles

1

Und immer der Garten

unter blühenden Bäumen
immer
das Frühstück

unter der Erde
Traumvolk
die Gehenkten

unsere Kinder.

2

Knochen und Steine
Steine
nicht werfen
Steine nicht nicht werfen.
Mauern mit Steinen bau'n.
Mauern
nicht bau'n.

Die Arme
sinken lassen
Die Arme heben
sich weinend
umarmen.
Gebrauchsanweisung
für Arme.

›Seids gewesen, seids gewesen!‹

Die letzte Erde
der Erde letzter Tag
die letzte Landschaft
die eines letzten Menschen Auge sieht
unerinnert
nicht weitergegeben
an nicht mehr Kommende
dieser Tag
ohne Namen ihn zu rufen
ohne Rufende

nicht grüner
nicht weißer
nicht blauer
als die Tage die wir sehn
oder schwarz
oder feuerfarben
er wird einen Abend haben
oder er wird keinen Abend haben
seine Helle sein Dunkel
unvergleichbar.

Die Sonne die leuchtet falls sie leuchtet
unbegrüßt
nach diesem Tag
wird es sich unter ihr öffnen?
Werden wir

als Staunende
wieder herausgegeben
unter einem währenden Licht?

Zünder der letzten Lunte
Maden der Ewigkeit?

Salva nos

1

Heute rufen wir
heute nennen wir.
Eine Stimme
die ein Wort sagt
das Widerfahrene

mit etwas Luft die in uns aufsteigt
mit nichts als unserm Atem
Vokale und Konsonanten
zu einem Worte fügend
einem Namen

es zähmt
das Unzähmbare
es zwingt
einen Herzschlag lang
unser Ding zu sein.

2

Dies ist unsere Freiheit
die richtigen Namen nennend
furchtlos
mit der kleinen Stimme

einander rufend
mit der kleinen Stimme
das Verschlingende beim Namen nennen
mit nichts als unserm Atem

salva nos ex ore leonis
den Rachen offen halten
in dem zu wohnen
nicht unsere Wahl ist.

Von uns

Man wird in späteren Zeiten von uns lesen.

Nie wollte ich in späteren Zeiten
das Mitleid der Schulkinder erwecken.
Nie auf diese Art
in einem Schulheft stehn.

Wir, verurteilt
zu wissen
und nicht zu handeln.

Unser Staub
wird nie mehr Erde.

Schöner

Schöner sind die Gedichte des Glücks.

Wie die Blüte schöner ist als der Stengel
der sie doch treibt
sind schöner die Gedichte des Glücks.

Wie der Vogel schöner ist als das Ei
wie es schön ist wenn Licht wird
ist schöner das Glück.

Und sind schöner die Gedichte
die ich nicht schreiben werde.

Köln

Die versunkene Stadt
für mich
allein
versunken.

Ich schwimme
in diesen Straßen.
Andere gehn.

Die alten Häuser
haben neue große Türen
aus Glas.

Die Toten und ich
wir schwimmen
durch die neuen Türen
unserer alten Häuser.

Exil

Der sterbende Mund
müht sich
um das richtig gesprochene
Wort
einer fremden
Sprache.

Nacht

Man hat mich Tote aufs Wasser gelegt
ich fahre die Flüsse hinunter

die Rhône den Rhein den Guadalquivir
den Haifischfluß in den Tropen.

Am Meer die Särge.
Ich ohne Münze zwischen den Zähnen

ich treibe in meinem Bett
an den barmherzigen

Bewahrern
geliebter Toter vorbei

überzählig
unnützer als Treibholz

in den Tag.

Beklemmung

Mich ängstigt
die Arroganz
diese Sicherheit
ohne Sicherheit
derer die beim Gasometer wohnen
und den Flieder hassen.
Finger
ohne Fingerspitzen
immer in Tuchfühlung
Staunen
künstlich
produzierend
fischherzig
wie die Fische in Schwärmen
hinter dem Leitwort
flitzend.

Es ist wahr, ich ängstige mich
vor der Kathode
im Gehirn
vor dem Druck dieses Knopfs
der den Hahn
(einen Hahn in New York,
einen Hahn in Frankfurt)
zur gleichen Minute
krähen macht.

Kalender

Die geprügelten Tage
die so zutraulich begannen.

Schon hängen die Früchte ins Fenster.
Gestern
die Dolden.

Einer
deiner Sommer.

FÜNF AUSREISELIEDER

1

Hier

Ungewünschte Kinder
meine Worte
frieren.

Kommt
ich will euch
auf meine warmen
Fingerspitzen
setzen
Schmetterlinge im Winter.

Die Sonne
blaß wie ein Mond
scheint auch hier
in diesem Land
wo wir das Fremdsein
zu Ende kosten.

2

Ausreisegedicht

Die Gegenstände sehen mich kommen
barfuß
ich gebe ihnen die Freiheit wieder
meinem Bett das mein Bett sein wollte
meinem Tisch
den Wänden die auf mich zu warten versprachen
wie die Wände der Kindheit.
Meine sanften Gegenstände
ihr wolltet mich sammeln.

Gegenstände
ihr seht mich gehn.

3

Ich flüchte mich zu dem kleinsten Ding

Ich flüchte mich zu dem kleinsten Ding
der Ewigkeit eines Mooses
feucht
fingergroß
von der Kindheit
bis heute.

Ich Gulliver
lege mein Gesicht in dies Moos
Gulliver
dessen Schritt
stehe ich auf
die Grenze des Lands überschreitet.

4.

Keine Zeit für Abenteuer

Wenn die Enden der Welt dir Vorstädte sind

du kennst den Geruch
du rückst die Buchstaben nebeneinander
die öffnen
und gehst hinein
nicht
in Weite
in andere Enge.

Aus deiner Tür
wohin denn?
Wohnst du nicht häuslich
wie jeder
einsam
wie jeder
im Schlund deines Tigers?

Nein, es ist keine Zeit
für Abenteuer.

5

›Silence and exile‹

Unverlierbares Exil
du trägst es bei dir
du schlüpfst hinein
gefaltetes Labyrinth
Wüste
einsteckbar.

Rückwanderung

Gerade verlern ich
den Wert
der leeren
Konservendose.

Gerade habe ich gelernt
eine Blechdose fortzuwerfen
mit der meine Freundin Ramona
dem Gast
mit der meine Freundin Ramona
mir
das Wasser schöpft
aus dem großen irdenen Krug
in der Ecke der Hütten
wenn mich dürstet
am Rande der Welt.

Gerade lerne ich bei euch
den Wert einer leeren
Blechdose
zu vergessen.

Gegen die Botmäßigkeit

> Tout ce qui est mal en morale est
> mal encore en politique
> *Rousseau*

Auch hier die Bäume
sie wachsen gerade
helle Stämme blaue Stämme
sie tragen Krone: Blätter Blüten Früchte
fraglos.

Die Menschen
vornübergebeugt
gen Vordermann
die Sonne
fraglos.

Wenn es dreizehn schlüge
und jeder fragte
sich
fragte sich selbst.
Verhängte Spiegel

hierzulande.
Fünf ist gerade
fraglos.
Der Hintern des Vordermanns
die Sonne.

Obwohl fünf vier ist
gehorsamst
schlägt es nicht dreizehn
keiner fragt
kein ich.

Anstandsregel für allerwärts

Man spuckt dir ins Gesicht
zieh eine Wolke um dich
sage es regne.

Ein regennasses Gesicht
ist gesellschaftsfähig
selbst ein verweintes.

Der Mißhandelte
sei unbefangen
daß ihm vergeben werde.

Sicher wußte das jeder
Jude
im Dritten Reich.

Nur die Gehängten
hingen da
ärgerlich anzusehen

und wurden geprügelt
Sterbende
für ihr Sterben.

Wer es könnte

Wer es könnte
die Welt
hochwerfen
daß der Wind
hindurchfährt.

Katalog

Das Herz eine Schnecke
mit einem Haus
zieht die Hörner ein.

Das Herz ein Igel.

Das Herz eine Eule
bei Licht
mit den Augen klappernd.

Zugvogel Klimawechsler Herz.

Das Herz eine Kugel
gestoßen
einen Zentimeter rollend

Sandkorn Herz.

Das Herz der große
Werfer
aller Kugeln.

Vertrackt

In welch
luftleerem Raum
würden die Herzen
angestoßen
sich bewegen?

Federn
in einem Vakuum
Köpfe von Blumen
schwerefrei
fliegende Seerosen?

Mit der Trägkeit
verlierend
das Ziel.

Auf keine Weise
ist Ankunft.

Bei der Lektüre Pablo Nerudas

›Einfachheit, wie schrecklich was uns passiert,
sie wollen nichts von uns wissen in ihren
Cliquen.‹

Ich tanze
du gehst mit breitem Schritt
ich fliege
du bist ein Flußgott.
Dieser große Strom

deiner Worte
Wasser und Erde,
meine der Atem
der das Blatt bewegt.

Deine einfachen
deine unverfälschten Worte
ganz wie meine
einfachen Worte
riechen nach Mensch.

Die Botschafter

Die Botschafter
kommen von weither
von jenseits der Mauer

barfuß
kommen sie
den weiten Weg

um dies Wort abzugeben.
Einer steht vor dir
in fernen Kleidern

er bringt das Wort Ich
er breitet die Arme aus
er sagt das Wort Ich

mit diesem trennenden Wort
eben saht ihr euch an
ist er nicht mehr

geht in dir weiter.

Fingernagelgroß

Auf einer Wiese
fingernagelgroß

schläft er
der große Veränderer

der durch die Erde greift
wie durch Wasser
er könnte
die Waagschalen
umkippen und mit Wind füllen
Segel
mit Freude
Tanzschritt
wenn er aufsteht
der die Früchte befiedert

der Neuordner
er schläft

in dir in mir
fingernagelgroß.

Frage

Wenn der Vogel ein Fisch wird
dieser kleine Teil von dir
der immer aufstieg

wenn er stumm

in händeloser flügelloser Welt
nicht lernt
Fisch unter Fischen zu sein?

Das Gefieder der Sprache

Das Gefieder der Sprache streicheln
Worte sind Vögel
mit ihnen
davonfliegen.

Immer kreisen

Immer kreisen
auf dem kühleren Wind
hilflos

kreisen meine Worte
heimwehgefiedert
nestlos

einst einem Lächeln entgegen
keiner trägt das Leben allein
kreisend und kreisend.

Vögel mit Wurzeln

Meine Worte sind Vögel
mit Wurzeln

immer tiefer
immer höher
Nabelschnur.

Der Tag blaut aus
die Worte sind schlafen gegangen.

Nächtliche Orientierung

Mein Kopf liegt nach Süden
meine Füße nach Norden
seit ich fort bin
immer meine Füße nach Norden
zu dir.
Mein Körper
im Schlaf eine Kompaßnadel
die ihren Nord sucht.

Das Wachsen von Träumen

Das Wachsen von Träumen
macht Angst
als fehlten die Flügel
diese Mauern
zu überfliegen.

Schrei nach
einer Hand, einer Tür,
aus Fleisch, aus Holz.

Alternative

Ich lebte auf einer Wolke
einem fliegenden Teller
und las keine Zeitung.

Meine zärtlichen Füße
gingen die Wege nicht mehr
die sie nicht gehen konnten.

Einander tröstend
wie zwei Tauben
wurden sie jeden Tag kleiner.

Gewiß ich war unnütz.

Der Wolkenteller zerbrach
ich fiel in die Welt
eine Welt aus Schmirgelpapier.

Die Handflächen tun mir weh
die Füße hassen einander.
Ich weine.

Ich bin unnütz.

Entfernungen

1

Der Mensch dies Haustier

Traum-Metöke
Amphibium
die Füße in einem Traum
die Hände in einem Zimmer
gehend in fremden Träumen
immer in dem unbekannten Land
der Andern
nie
das eigene Auge sehend
nur im Traum
nur von weit
nur im Auge des Andern.

2

Entfernungen

die staunende Fingerspitze
der Zeigefinger
der dich
oder den Andern
anrührt
der eine Spur läßt
keine Spur läßt
dein Zeigefinger
ein staunender
ein unwiederholbarer
Zentimeter
Haut.

3

Die sanfte Kuppe
unwiederholbar
du berührst
die Haut der Dinge
mit deiner Haut
die Rundung und die Kanten
der Dinge
ganz sanft
ihre Außenseite.

4

Dein einmaliger Finger
deine Hand
voll einmaliger Finger
deine sterbliche Hand
unterwegs
zu dem Anfaßbaren
streichelnd
seine Außenseite.

Dein sanfter Finger
ein Samen auf Asphalt
er schlägt keine Wurzel
im Erdreich
der Dinge.

5

Die Dinge
haben harte Hände
wir sind durchlässig
sie säen in uns
wortlos
ihren Samen
in uns, Einmaligen,
sie,
die Bleibenden.

Wir schwanger
mit unsern Toten
unsern Lebenden
mit den gedächtnislosen
Dingen
gehen
über ihr Pflaster
und gehen
dahin.

Entfernung

Die Entfernung
eines Kranken

von dem der bei ihm sitzt
ist nicht weiter

als die Kontinente
voneinander.

Unendlich weit.
Nur dieses

Hand in Hand.
Und doch es gilt nur

unter Gehenden.

Wir nehmen Abschied

Wir nehmen Abschied
freiwillig.
Was wir lieben bleibt
puppengroß
auf einem Streifen Zement
als könnten wir
die Puppe
so wiederfinden.

Wir behalten das
Heimweh nach dem Abschied
lange
nach der Rückkehr.

Brief auf den anderen Kontinent

Sieh dich nicht um
nach mir

Eurydike
immer mit dir

die Hand
deine Schulter berührend

unter den fernen Bäumen.

Marionette

Der Regenbogen
als Gängelband
am anderen Ende

die Traumfigur
eine Puppe aus Fleisch und Blut

mit ausgebreiteten Armen
immer
mit ausgebreiteten Armen.

Anweisung

Lade die Toten zu Gast
die Träne fällt aufwärts
sie kommen

Die du liebst wie Lebende.

Niemals
den Lebenden
den du liebst

wie einen Toten.

Unterwegs

Über mir
wölb ich den Lichtball.

Wenn meine Stimme leiser wird
wo soll ich hin
mit diesem Ich
das täglich Junge wirft
Neugeburten.

Die Sonne
kommt nicht wieder
und geht nicht unter.
Ich
unterwegs

in einer Fruchthülle
aus Licht.

Ruf

Mich ruft der Gärtner.

Unter der Erde seine Blumen
sind blau.

Tief unter der Erde
seine Blumen
sind blau.

Tunnel

dem Andenken Virginia Woolfs

Zu dritt
zu viert
ungezählte, einzeln

allein
gehen wir diesen Tunnel entlang
zur Tag- und Nachtgleiche

drei oder vier von uns
sagen die Worte
dies Wort:

›Fürchte dich nicht‹
es blüht
hinter uns her.

Irgendwann

Irgendwann
eine eiternde Wunde
ein Schrei
nicht hörbar
wird es aufbrechen
mit einer Kinderstirn wird es einhergehn
barfüßig
waffenlos
dieses Leuchten
Jahrhunderte
Gesellschaftsordnungen
können ihm nichts tun.

Es wird sein von immer zu immer
wie die Tränen gleich sind auf allen Gesichtern
durch die Kontinente, die Jahrhunderte,
wenn es kommt
dieses Lächeln
gleich hell auf den Gesichtern
aller Hautfarben
dieses Einverständnis
ist und wird gleich sein
immer
das Lächeln
der Verzicht.

Es knospt

Es knospt
unter den Blättern
das nennen sie Herbst.

Nicht müde werden

Nicht müde werden
sondern dem Wunder
leise
wie einem Vogel
die Hand hinhalten.

Ars longa

Der Atem
in einer Vogelkehle
der Atem der Luft
in den Zweigen.

Das Wort
wie der Wind selbst
sein heiliger Atem
geht es aus und ein.

Immer findet der Atem
Zweige
Wolken
Vogelkehlen.

Immer das Wort
das heilige Wort
einen Mund.

Inhalt

Lyrik	7
Einhorn	8
Auf der andern Seite des Monds	9
Heimkehrer	10
Schneide das Augenlid ab	11
Aktuelles 1	12
Aktuelles 2	13
›Seids gewesen, seids gewesen!‹	14
Salva nos 1	16
Salva nos 2	17
Von uns	18
Schöner	19
Köln	20
Exil	21
Nacht	22
Beklemmung	23
Kalender	24
Fünf Ausreiselieder	
1 Hier	25
2 Ausreisegedicht	26
3 Ich flüchte mich zu dem kleinsten Ding	27
4 Keine Zeit für Abenteuer	28
5 ›Silence and exile‹	29
Rückwanderung	30
Gegen die Botmäßigkeit	31
Anstandsregel für allerwärts	32
Wer es könnte	33
Katalog	34
Vertrackt	35

Bei der Lektüre Pablo Nerudas	36
Die Botschafter	37
Fingernagelgroß	38
Frage	39
Das Gefieder der Sprache	40
Immer kreisen	41
Vögel mit Wurzeln	42
Nächtliche Orientierung	43
Das Wachsen von Träumen	44
Alternative	45
Entfernungen 1	46
Entfernungen 2	47
Entfernungen 3	48
Entfernungen 4	49
Entfernungen 5	50
Entfernung	51
Wir nehmen Abschied	52
Brief auf den anderen Kontinent	53
Marionette	54
Anweisung	55
Unterwegs	56
Ruf	57
Tunnel	58
Irgendwann	59
Es knospt	60
Nicht müde werden	61
Ars longa	62

Hilde Domin
im
S. Fischer Verlag
und
Fischer Taschenbuch Verlag

Lyrik

»Federnde Präzision und maskenabreißender Wille
zum Lied für eine bessere Welt.«
Robert Minder

Nur eine Rose als Stütze
1959, 32. – 33. Tsd. 1995

Rückkehr der Schiffe
1962, 14. Tsd. 1992

Hier
1964, 12. Tsd. 1995

Ich will dich
1970, 13. Tsd. 1992

Gesammelte Gedichte
1952 – 1987
1987, 19. Tsd. 1995

Hilde Domin im S. Fischer Verlag

Prosa

Gesammelte autobiographische Schriften
Fast ein Lebenslauf
1. Aufl., 4. Tsd. 1992. Leinen

Gesammelte Essays
Heimat in der Sprache
1. Aufl., 4. Tsd. 1992. Leinen

Zu ihrem 80. Geburtstag
hat Hilde Domin ihre autobiographischen Schriften und
ihre Essays neu zusammengestellt und gegenüber
früheren Ausgaben erheblich erweitert.
Diese beiden Bände bieten
einen vollständigen Blick auf Leben und Denken
einer Autorin, die eine engagierte Zeugin
dieses Jahrhunderts ist.

Lyrik

Nur eine Rose als Stütze
10. – 12. Tsd. 1996
Band 12207

Rückkehr der Schiffe
5. – 6. Tsd. 1996
Band 12208

Hier
10. – 11. Tsd. 1997
Band 12206

Ich will dich
5. Tsd. 1995
Band 12209

»Am ehesten überlebt, was Nachkommen
und Geschlechtern die Vergangenheit fast handgreiflich
nahebringt. Ich denke, daß unsere Urenkel in Hilde Domins
Werken die Botschaft einer wunderbar schöpferischen und
abscheulich zerstörerischen Epoche finden werden,
in der man es oft nötig hatte, nach einem Halt zu suchen
und ›eine Rose als Stütze‹ zu wählen.«
Manès Sperber

Hilde Domin im Fischer Taschenbuch Verlag

Prosa

Von der Natur nicht vorgesehen
Autobiographisches
4. Aufl., 21. Tsd. 1988. Serie Piper
Neuausgabe. 5. – 6. Tsd. 1997. Fischer Taschenbuch Verlag
Band 12203

»Ein außergewöhnliches Opus,
so aufrichtig wie aufschlußreich.«
Marcel Reich-Ranicki

Aber die Hoffnung
Autobiographisches aus und über Deutschland
3. Aufl., 13. Tsd. 1987. Serie Piper
Neuausgabe. 5. – 6. Tsd. 1997. Fischer Taschenbuch Verlag
Band 12202

»Dies Buch ist ein überzeugender Beitrag zum Widerstand:
Gegen die Gewöhnung an Leid und Unrecht.«
ORF

Das zweite Paradies
Roman in Segmenten
Originalausgabe. 8. Tsd. 1986. Piper Verlag
Neuausgabe. 5. – 6. Tsd. 1996. Fischer Taschenbuch Verlag
Band 12201

»Hilde Domins *Das zweite Paradies*
ist für mich eines der wenigen Bücher, in dem
die Verknüpfung der Themen Liebe und
Heimat überzeugend gelingt.«
Uwe Prell, L'80 – 1986

Hilde Domin im Fischer Taschenbuch Verlag

Prosa

Wozu Lyrik heute
Dichtung und Leser in der gesteuerten Gesellschaft
5. Aufl., 20. Tsd. 1988. Serie Piper
Neuausgabe. 4. – 5. Tsd. 1997. Fischer Taschenbuch Verlag
Band 12204

»Gewichtige Argumente, mit denen man
all jenen begegnen kann, die dafür plädieren,
der Kunst den Abschied zu geben.«
WDR

Das Gedicht als Augenblick von Freiheit
Frankfurter Poetik-Vorlesungen 1987 / 88
Serie Piper
Neuausgabe. 4. – 5. Tsd. 1995
Fischer Taschenbuch Verlag
Band 12205

»Was also war es,
das an den vergangenen Vorlesungstagen jeweils
über tausend Menschen in den Hörsaal zog?«
Welt am Sonntag

Hilde Domin im Fischer Taschenbuch Verlag

Editionen

Doppelinterpretationen
Das zeitgenössische Gedicht
zwischen Autor und Leser
1966, 76. – 77. Tsd. 1993
Band 1060

»Hilde Domin hat ein unfehlbares Flair,
wieweit Sprache – deutsche Sprache – heute trägt.«
Joachim Günther